Markus Trautmann · Bärbel Stangenberg

Friedrich Kaiser

Ein Bilderbuch für Jung und Alt

dialogverlag

Herausgegeben von der Kirchengemeinde St. Viktor Dülmen

Zwischen Münster und dem Ruhrgebiet, in der „münsterländischen Parklandschaft“, liegt die alte Stadt Dülmen.

Um 1900 gibt es hier noch Reste einer alten Stadtmauer mit Wehrtürmen. Die Häuser sind fast alle aus rotem Backstein gebaut, oft als Fachwerkhäuser. Nur die alte Viktorkirche ist aus hellem Sandstein errichtet.

Viele Einwohner der Stadt halten bei ihren Wohnungen einige Tiere. Draußen vor der Stadt aber entstehen moderne Textilfabriken und andere Industriebetriebe.

Hier in Dülmen kommt Friedrich Kaiser am 24. Mai 1903 zur Welt; er ist ein Sonntagskind. Drei Tage später wird er in der nahegelegenen Viktorkirche getauft. Sein Vater Josef arbeitet in einer Dülmener Schreinerei. Dort leitet er die Sägenschleiferei. Die Mutter Wilhelmine schenkt insgesamt fünf Kindern das Leben: Friedrich hat noch zwei ältere und zwei jüngere Geschwister.

Dülmen hat damals eine fast ausschließlich katholische Bevölkerung. Das Leben der Menschen ist vom kirchlichen Leben geprägt: Fast alle besuchen am Sonntag den Gottesdienst, in den meisten Familien wird täglich gemeinsam gebetet.

Dülmen. Schon um das Jahr 800 stand in Dülmen eine erste Kirche. 1311 verlieh der Bischof von Münster das Stadtrecht. Seitdem befindet sich direkt neben der Viktorkirche mit dem Kirchplatz das Rathaus mit dem Marktplatz. Das Stadtwappen zeigt ein blaues „Kleeblattkreuz" auf gelbem Grund. In Dülmen und dem Umland wohnen heute rd. 46.000 Einwohner.

Rathaus und St. Viktor

Als Friedrich sechs Jahre alt ist, darf er endlich die Schule besuchen. Seit dem Frühjahr 1909 marschiert er jeden Morgen begeistert über das holprige Kopfsteinpflaster an der Viktorkirche vorbei durch das alte Stadttor, denn dort liegt die Josefschule.

Nicht weit von der Schule befindet sich ein alter Friedhof, und ein ganz besonderer Mensch liegt hier begraben: Anna Katharina Emmerick. Viele Dülmener besuchen das Grab und beten hier.

Als Friedrich elf Jahre alt ist, beginnt der Erste Weltkrieg. Die Not ist groß, es gibt nur wenig zu essen. Die Kinder sind unterernährt, und oft knurrt ihnen während des Unterrichts der Magen.

Genauso wichtig wie das tägliche Essen und Trinken ist die seelische Stärkung. Alle fünf Jahre kommt deshalb ein Weihbischof aus Münster und spendet den Heranwachsenden die Firmung. Am 14. Mai 1916 ist Friedrich Kaiser an der Reihe, zusammen mit 1600 Jungen und Mädchen aus Dülmen und dem Umland. Die Viktorkirche platzt fast aus allen Nähten!

Familie. Die Eltern Josef Kaiser (1867-1938) aus Dülmen und Wilhelmine Depel (1872-1928) aus Seppenrade hatten 1897 in Dülmen geheiratet. Das Foto von 1910 zeigt sie mit ihren Kindern im Garten: links Friedrich, dann Gertrud (1909-1980), Maria (1898-1962), Karl (1906-1991) und ganz rechts Josef (1901-1967).

Friedrich ist ein eifriger Schüler. Als die Schulzeit auf das Ende zugeht, sagt der Lehrer zum Vater: „Sie müssen Ihren Sohn unbedingt etwas lernen lassen!“ Das ist zu dieser Zeit noch gar nicht selbstverständlich. Viele Jugendliche gehen einfach so irgendwo arbeiten.

Friedrich Kaiser wird im Februar 1917 Lehrling im Büro einer Dülmener Eisenhütte. Seine Vorgesetzten finden, dass er gewissenhaft und zuverlässig arbeitet, die Kollegen loben seinen Fleiß und seine Bescheidenheit.

Und doch ist Friedrich nicht glücklich: Soll er ein Leben lang im Büro arbeiten? Aber seinen Herzenswunsch wird er niemals verwirklichen können, oder doch? Denn er würde gern Priester werden, als Seelsorger für die Menschen da sein und das Wort Gottes verkünden – am liebsten als Missionar in einem fremden Land! Aber dazu müsste er erst einmal ein Gymnasium besuchen und Schulgeld bezahlen. Daran ist nicht zu denken.

Eine reiche Dame ist bereit, ihn zu unterstützen. Doch zuvor muss er im Privatunterricht den Lernstoff für das Gymnasium vorbereiten. Ab Ostern 1918 geht Friedrich nach Feierabend zu einem Dülmener Priester und lernt dort Latein und Französisch, aber auch Mathematik, Deutsch und Geschichte.

Dülmener Wildpferde. Rund 400 wilde Pferde leben im Merfelder Bruch bei Dülmen. Die Herde wurde erstmals 1316 in einer Urkunde erwähnt und gehört heute dem Herzog von Croy. In dem Reservat kommen die robusten Ponys fast ohne jede menschliche Hilfe aus. Am letzten Samstag im Mai werden die einjährigen Hengste eingefangen.

Frühling im Merfelder Bruch

Friedrich Kaiser kündigt seine Lehrstelle und geht 1919 aus Dülmen weg. Es ist der Dreikönigstag, als er den Zug nach Münster besteigt: Das freut ihn, denn so wie die Weisen aus dem Morgenland dem Stern gefolgt sind, so will auch er unbeirrt seinen Traum verfolgen.

Er hat erfahren, dass in der Ortschaft Hiltrup bei Münster die Herz-Jesu-Missionare ein Gymnasium betreiben. In einem Internat können Jungen aus ärmeren Familien wohnen.

Friedrich Kaiser genießt das Leben mit den anderen Jugendlichen im Internat und im Gymnasium. Doch die Freude wird getrübt durch die schwierige Lage im Land. Deutschland hat den Ersten Weltkrieg verloren und soll hohe Strafen zahlen. Die Wirtschaft ist in einer Krise, das Geld ist immer weniger wert.

Durch die schlechte Ernährung bekommt Friedrich Kaiser einen nervösen Magen, den er sein Leben lang behalten wird. Zweimal muss er wegen einer Erkrankung die Schule für längere Zeit unterbrechen und nach Hause fahren. Er macht lange Spaziergänge durch die Heidelandschaft. Er hat jetzt viel Zeit und Ruhe zum Nachdenken und zum Beten.

Jules Chevalier

MSC. Die „Herz-Jesu-Missionare" (lat. Missionarii Sacratissimi Cordis Jesu; Ordenskürzel: MSC) wurden 1854 durch Jules Chevalier (1824–1907) in Frankreich gegründet und haben heute weltweit rd. 1800 Mitglieder. Ab 1897 ließen sie sich in Deutschland nieder, um auch hier Missionare für ferne Länder wie China, Papua-Neuguinea oder Peru auszubilden.

Endlich, mit 21 Jahren, kann er das Abitur machen. Einige Wochen später, im Sommer 1924, tritt er in die Gemeinschaft der „Hiltruper Missionare“ ein. Mit der „Einkleidung“ bekommt er sein eigenes Ordensgewand: Jetzt ist er ein „Novize“, also ein Neuling auf Probe.

Doch schon vor Ende des ersten Jahres als Novize wird Friedrich Kaiser wieder krank. Der Arzt entscheidet: Aussetzen, mindestens ein Jahr! Seine Stimmung ist am Tiefpunkt.

Zuhause in Dülmen besucht er wieder einmal das Grab von Anna Katharina Emmerick. Die ist zwar schon 100 Jahre tot, gilt aber als eine große Fürsprecherin bei Gott. Friedrich Kaiser betet zu ihr: „Wenn ich eines Tages doch noch Priester werde, sage ich allen, dass du mir geholfen hast. Wenn ich mein Ziel aber nicht erreiche, werde ich ebenso offen allen erzählen, dass ich auf deine Fürbitte gebaut habe, aber nicht erhört wurde!“

Friedrich Kaiser lässt sich von einem Arzt behandeln. Dieser stellt fest, er sei nervlich angeschlagen. Deshalb verhalte er sich auch manchmal so dickköpfig. „Solche Naturen muss man zu biegen, aber nicht zu brechen suchen“, schreibt der Arzt in einem Gutachten. Was er damit meint? Die Vorgesetzten sollen Friedrich Kaiser eine Chance geben! Und irgendwann wird er einmal Außerordentliches leisten.

Friedrich Kaiser wird für einige Monate beurlaubt, um sich zu erholen. Als er im Sommer 1926 zurückkehren kann, muss er das Noviziat ganz neu beginnen.

Danach geht es 1927 zum Studium, zunächst nach Kleve, dann nach Oeventrop im Sauerland. Friedrich Kaiser lernt hier das Studium der Bibel kennen. Seitdem liebt er das regelmäßige Lesen und Betrachten der Heiligen Schrift.

Anna Katharina Emmerick. Die „Mystikerin der Münsterlandes", 2004 seliggesprochen, wurde 1774 in der Nähe von Coesfeld geboren und trat 1802 in das Dülmener Kloster Agnetenberg ein. In Visionen schaute sie das Leben Jesu und trug seine Wundmale (Stigmata) an ihrem Leib. Sie starb 1824. Ihr Grab befindet sich in der Dülmener Kreuzkirche.

1930 legt er die „Ewigen Gelübde“ ab und gehört damit für immer zu den Herz-Jesu-Missionaren. Am 20. März 1932 wird er in Oeventrop zum Diakon geweiht, am 10. August 1932 in Paderborn zum Priester. Da die Mutter schon seit vier Jahren verstorben ist, nimmt von seiner Familie nur der Vater an der festlichen Priesterweihe teil.

Umso größer ist die Freude seiner Geschwister und vieler Dülmener, als Friedrich Kaiser am 15. August 1932 in seiner Heimatkirche St. Viktor die erste heilige Messe feiert, die „Primiz“. Die Straßen der Stadt und die Kirche sind festlich mit Fahnen und Tannengrün geschmückt.

Friedrich Kaiser spürt: Ich habe jetzt ein wichtiges Ziel erreicht.

Romanischer Taufstein

St. Viktor. In der Viktorkirche wurde Friedrich Kaiser getauft, gefirmt und zum Bischof geweiht. Der romanische Taufstein wurde nach 1200 aus Sandstein geschaffen. Der gotische Chorraum wurde vor 1500 fertig, der Turm (heute knapp 80 Meter hoch) im Jahre 1601. Aus dem Spätmittelalter stammen das Sakramentshäuschen, das lebensgroße Altarkreuz und eine holzgeschnitzte Schmerzensmutter.

Doch eigentlich möchte er Missionar werden. Gern würde er möglichst bald nach China reisen, wo sein Orden seit kurzem ein neues Missionsgebiet betreut.

Groß ist der Schrecken, als Friedrich Kaiser von seinen Oberen hören muss: „Sie bleiben in Deutschland. Ihre Gesundheit ist viel zu schwach.“ Also wird er zur eintönigen Verwaltungsarbeit in Hiltrup herangezogen, dann in ein Kloster nach Hamm geschickt. Von hier aus hält er „Volksmissionen“, also religiöse Besinnungstage in Kirchengemeinden, außerdem reist er als Vortragsredner durchs Land.

Das ist inzwischen genauso ein Abenteuer wie das Leben als Missionar in der Fremde: Denn seit 1933 ist Adolf Hitler Reichskanzler. Mit ihm hat in Deutschland eine Diktatur begonnen.

Hitler und die Nazis wollen das gesamte Leben im Land und auch die Herzen der Menschen beherrschen. Sie versuchen, gegen die Priester und Ordensleute Misstrauen zu streuen und sie als Verbrecher zu verdächtigen. Den Orden werfen sie vor, Spendengelder unrechtmäßig außer Landes zu bringen und den Zoll zu betrügen.

Missionshaus Hiltrup. 1897 wurde in Münster-Hiltrup das „Missionshaus“ als Ausbildungseinrichtung für künftige Missionare eingeweiht. 1941 wurde das Gebäude beschlagnahmt, die Ordensmänner vertrieben. Seit 1975 gibt es eine neue Niederlassung ganz in der Nähe. Heute ist das eindrucksvolle Gebäude eine Wohnanlage.

Auch die Leiter des Hiltruper Missionshauses werden 1935 abgeholt und vor Gericht gestellt. Friedrich Kaiser muss nach Hiltrup zurück und sich in die Verwaltungsarbeit hineinknien.

In Münster spüren die Ordensleute, wie die Nazis das Leben der Gläubigen und die Arbeit der Hiltruper Missionare immer mehr erschweren. Und: Hitler will einen Krieg, er will andere Länder erobern. Wenn erst einmal der Krieg ausgebrochen ist, dann können die Missionare für viele Jahre nicht mehr in die Mission reisen.

Nachdem sein Vater gestorben ist, fühlt sich Friedrich Kaiser frei für neue Aufgaben in der Ferne. Er fühlt sich gesund. Aber noch wird er bei der Leitung des Ordens gebraucht. Da meldet sich ein Mitbruder, der gern in der Verwaltung in Hiltrup arbeiten würde. Jetzt sagen auch die Vorgesetzen: Pater Kaiser darf reisen – und zwar nach Peru! Dort, in Lima, leben bereits Hiltruper Missionare und Schwestern.

Besuch bei einer Familie

Peru. Das Land wurde 1821 von Spanien unabhängig und zählt heute über 30 Mio. Einwohner. Neben Spanisch sind weitere Amtssprachen Quechua und Aimara. Über 80% der Bevölkerung sind katholisch. Peru grenzt im Norden an Ecuador und Kolumbien, im Osten an Brasilien, im Südosten an Bolivien, im Süden an Chile und im Westen an den Pazifik.

Am 26. März 1939 ist es so weit: Friedrich Kaiser verlässt mit einem Frachtschiff Europa. Die Reise über den Atlantik dauert viele Wochen. Er nutzt die Zeit, um an Bord Spanisch zu lernen, denn das ist die offizielle Sprache in Peru.

Friedrich Kaiser ist ganz gerührt, als er das Schiff verlässt und wieder festen Boden unter den Füßen hat: Hier will er für immer bleiben!

Peru hat drei verschiedene geographische Regionen, die das Land von Norden nach Süden durchziehen:

Ganz im Westen, entlang des Pazifiks, erstreckt sich über 2000 Kilometer das schmale Küstenland, die „Costa". Hier, in Lima und anderen Costa-Städten, leben mehr als die Hälfte der Peruaner.

Östlich der Küstenregion erheben sich die Bergzüge der Anden, „Sierra" genannt. Einzelne Berge dort sind bis zu 6000 Metern hoch. Es gibt dort nur wenige Straßen und weit auseinander liegende Ortschaften.

Östlich der Anden liegt die größte Landschaftszone, das Amazonasbecken mit dem Regenwald, die „Selva". Hier leben die wenigsten Menschen.

Friedrich Kaiser ist von dem fremden Land und dem bunten Treiben in Lima ganz begeistert. Hier lebt er mit anderen deutschen Priestern und Hiltruper Schwestern zusammen. Sie haben noch kein richtiges Haus, keine Kirche, kein Geld.

Staatswappen. Das peruanische Wappen hat drei Felder: Das erste Feld zeigt ein braunes Vikunja (ein Verwandter des Lama) und steht für die Tierwelt Perus. Im zweiten Feld erkennt man einen grünen Chinarindenbaum (ein Gewächs der Anden), der die peruanische Flora symbolisiert. Das dritte untere Feld zeigt ein goldenes „Füllhorn" und steht für die Bodenschätze.

Und doch ist die Stimmung ausgelassen und fröhlich. Nach Feierabend wird viel gemeinsam gesungen.

Er ist erstaunt, wie armselig das Leben in Peru oft ist, aber die Menschen sind sehr geduldig und freundlich.

Im Laufe der Zeit bauen die Hiltruper Missionare in Lima eine Kirche und ein Pfarrhaus. Sie gehen verschiedenen Aufgaben nach: Sie halten Gottesdienste, sie unterrichten in der Schule oder an der Universität, sie halten Vorträge und Bibelgespräche, sie drucken Broschüren über den christlichen Glauben.

Friedrich Kaiser wird nachdenklich: Am Ende ist die Seelsorge in Lima ganz ähnlich wie in einer deutschen Großstadt. Er wollte doch als Missionar in abgelegene Gebiete ziehen und dort durch seine Predigt Menschen für den Glauben gewinnen!

Hin und wieder fährt er aufs Land, wo er auf den großen Plantagen eine Missionswoche durchführt. Die Massen von Landarbeitern haben mit Kirche nicht viel am Hut. Er erzählt ihnen von Gott und von der Botschaft Jesu.

Kathedrale von Lima

Lima. Als Friedrich Kaiser nach Lima kam, hatte die Stadt ungefähr 500.000 Einwohner. Heute zählt Lima und das Umland mit der Hafenstadt Callao knapp 10 Mio. Menschen. In den Randgebieten sind durch die unkontrollierte „Landflucht" (der Andenbewohner) zahlreiche Elendsviertel entstanden. Die Altstadt von Lima wurde 1991 Weltkulturerbe.

Eines Tages kommt eine Indio-Frau zum Gottesdienst. Als sie die Kirche verlassen will, fängt sie plötzlich bitterlich an zu weinen. „Morgen muss ich zurück ins Gebirge. Dort haben wir keine Kirchen, keine Priester, keine Gottesdienste. Wir leben und sterben da oben ohne einen Seelsorger." Und dann schluchzt sie: „Die Kirche hat uns Indios in den Anden vergessen!"

Im November 1957 wird Friedrich Kaiser zum Nuntius, also zum Botschafter des Papstes, gerufen. Dort erfährt er: Der Papst will die Lage der Gläubigen in den Anden endlich verbessern. Es sollen große Seelsorgebezirke gegründet werden, die von einem Prälaten geleitet werden.

Auch die Hiltruper Missionare sollen so einen Bezirk übernehmen.

Und der Leiter dieser neuen „Prälatur“ soll Friedrich Kaiser werden!

Er und einige Hiltruper Mitbrüder und Schwestern sollen sich in Caraveli niederlassen. Friedrich Kaiser schaut auf der Landkarte nach: Caraveli liegt im Süden von Peru, da wo die Anden sich verbreitern und an die Küste heranreichen. Das Gebiet ist ein karges Hochland; die Ortschaft Caraveli liegt auf 1800 Metern Höhe.

Spannend, was der Nuntius berichtet: Im neuen Seelsorgebezirk von Caraveli leben 180.000 Menschen und 20 Priester – aber in einem Gebiet so groß wie Belgien! Und ohne richtige Straßen, Strom- oder Wasserleitungen. Manche Dörfer liegen 3000 Meter hoch und haben seit vielen Jahren keinen Seelsorger mehr gesehen.

Jetzt komme ich zu den Verlassensten, denkt Friedrich Kaiser.

Herz Jesu. Bei der Kreuzigung stieß ein Soldat eine Lanze in das Herz Jesu (Joh 19,34). Die Verehrung des Heiligsten Herzens Jesu betrachtet die Liebe Gottes, die sich für die Kirche und die ganz Menschheit bis zum Äußersten verschenkt. Jules Chevalier, der Gründer der Herz-Jesu-Missionare sagte: „Zwei Übel richten unsere unglückliche Welt zugrunde: Gleichgültigkeit und Selbstsucht.“

Herz-Jesu-Figur in Oeventrop

Anfang März 1958 fährt Friedrich Kaiser mit einigen anderen Missionaren in einem klapprigen Lieferwagen von der Küste hinauf in die Anden. In den Ortschaften, durch die sie fahren, werden sie freudig begrüßt: Jetzt kommen die deutschen Missionare und Schwestern in unsere abgelegene Gegend! Mühsam quält sich der vollgepackte Wagen über staubige Straßen durch die einsame Bergwelt.

Jetzt verstehe ich, warum Jahr für Jahr unzählige Menschen die Anden verlassen und in der Großstadt Lima ihr Glück suchen – so denkt Friedrich Kaiser, als er aus dem Auto schaut. Doch in Wahrheit finden die Indios an der Küste nur das Elend. Was kann man tun, dass die Menschen gern in ihrer Heimat bleiben und hier leben können?

Bald nach ihrer Ankunft in Caraveli fangen die Missionare und die Schwestern an, Holzhäuser zu bauen, in denen sie künftig wohnen wollen. Aus Lima lassen sie sich etwas Hausrat kommen.

Dann beginnen sie nach und nach das Land zu erkunden. Viele abgelegene Dörfer in dieser Hochregion erreicht man nur mit einem Reittier oder zu Fuß. Tagelang, wochenlang ziehen die Missionare durch das Gebiet der Prälatur von Caraveli und lernen die Menschen und ihre Lebensweise kennen.

Die Menschen in den Anden sind bitterarm und oft schlecht ernährt und krank. Das Klima ist kalt und rau, auf dem kargen Boden wächst nicht viel. Oft zerstören Unwetter die Ernte. Immer wieder sind Banden von Viehdieben unterwegs. Viele Menschen sind mutlos geworden und ohne Antrieb.

Friedrich Kaiser kommt in Gegenden, in denen seit Jahren kein Priester war. Dann gibt es Dörfer, in denen nicht einmal mehr Spanisch, sondern nur die Indiosprache gesprochen wird.

Über religiöse Dinge wissen viele Indios hier oben kaum Bescheid. Sie haben bisher nur selten eine Heilige Messe gefeiert und noch nie gebeichtet. Gebete, Kirchenlieder oder biblische Geschichten sind häufig unbekannt. Auch Hochzeiten oder Firmungen kennen viele nicht. Sie sterben ohne kirchlichen Beistand.

In Caraveli renovieren die Missionare als erstes eine alte Kapelle und errichten eine Gemeindeschule. Bald soll ein Kindergarten folgen.

Doch dann ereignet sich im Winter 1960 ein furchtbares Erdbeben, das schlimme Schäden anrichtet. Die Hiltruper Missionare und Schwestern und die Menschen in der Gegend sind sehr traurig.

Bald kommt aus Deutschland Hilfe zum Wiederaufbau.

Hiltruper Schwestern. Die „Missionsschwestern vom Heiligsten Herzen Jesu" wurden 1900 in Münster-Hiltrup gegründet und verbreitete sich im 20. Jh. weltweit, so auch in Peru und anderen Ländern Südamerikas. Ihr Ziel ist es, in verschiedenen Lebensbereichen den Menschen eine Antwort auf ihre Nöte zu geben und „Gottes Herz in der Welt" für sie zu sein.

Bei einer Grundsteinlegung

Friedrich Kaiser spürt: Die Menschen in Europa müssen auch von der seelischen Not der Menschen hier erfahren! Die Sehnsucht der Indios nach der Botschaft des Glaubens und einem religiösen Leben ist so groß. Und die wenigen Missionare und Schwestern werden bald die großen Strapazen nicht mehr aushalten.

Er schreibt viele Briefe an Bischöfe und Ordensgemeinschaften. Er bittet: Schickt uns einige von euren Priestern, Ordensbrüdern und Schwestern!

Doch es kommen nur Absagen. Die ärmliche Lebensweise in den Anden schreckt ab.

Tagelang auf dem Pferd unterwegs zu sein, bei Wind und Wetter im Hochgebirge, ohne festes Dach über dem Kopf und ohne regelmäßigen Kirchbesuch – das möchte in Europa niemand.

Friedrich Kaiser denkt nach: Wenn keine Ordensleute zu uns kommen wollen, dann müssen wir hier eigene Ordensleute ausbilden, die in der Seelsorge den Menschen dienen. Im Jahre 1961 beschließt er, eine Gemeinschaft von jungen einheimischen Frauen zu gründen. Sie würden leicht die Herzen der Indios in den Bergen ansprechen, ihr schweres Leben teilen und sie zu Gott führen.

Friedrich Kaiser fragt die Hiltruper Missionsschwester Willibrordis, ob sie ihm hilft, in Caraveli eine neue Schwesterngemeinschaft zu gründen. Sie ist dazu bereit.

Mitgründerin. Schwester Willibrordis (1907-2002), als Therese Bonefeld in Paderborn geboren, war gelernte Erzieherin und seit 1932 Hiltruper Missionsschwester. 1938 kam sie nach Peru. Von 1961 bis 1986 war sie die erste Generaloberin der Schwesterngemeinschaft von Caraveli. 1998 erhielt sie „als Botschafterin der Nächstenliebe" das Große Verdienstkreuz der Bundesrepublik Deutschland.

Mit dem Verdienstorden

Ab 1962 tagt in Rom eine Versammlung der Bischöfe aus der ganzen Welt, das „Zweite Vatikanische Konzil". Auch Friedrich Kaiser wird eingeladen und fliegt nach Rom. Dort kann er vielen Bischöfen die Not der Menschen in den Anden und die Probleme der Seelsorger schildern. Umgekehrt hört er Bischöfen aus allen Erdteilen zu und sammelt viele gute Ideen und Anregungen für seine Arbeit.

Der Papst beschließt, dass auch Friedrich Kaiser zum Bischof geweiht werden soll. Dies geschieht am 7. Dezember 1963 – und zwar in seiner Heimatgemeinde St. Viktor in Dülmen.

Wie hat sich die Stadt in den 25 Jahren verändert, seit Friedrich Kaiser nach Peru auswanderte! Nach den Kriegszerstörungen und dem Wiederaufbau ist vom alten Dülmen nichts mehr geblieben. Auch die Viktorkirche wurde fast ganz neu aufgebaut. Hier empfängt Friedrich Kaiser durch den Bischof von Münster die Bischofsweihe.

Sein Leitwort als Bischof heißt: „Wort und Opfer". So wie Jesus möchte er die Frohe Botschaft weitersagen und mit ganzer Hingabe für die Menschen da sein.

Ein Bischof hat ein eigenes Wappen. Das Wappen von Friedrich Kaiser zeigt in der Mitte ein Kreuz mit einem Herzen – Sinnbild der Herz-Jesu-Missionare: Sie verkünden, dass Jesus ein Herz für uns Menschen hat und für uns gestorben ist. Jesus hat zu den Menschen gesprochen: Dafür steht die Bibel auf einem weiteren Wappenfeld. Und das dritte Feld zeigt einen Kelch: In Wein und Brot teilt sich Jesus an uns aus und schenkt uns Gemeinschaft.

Wahlspruch. Das Leitwort von Friedrich Kaiser als Bischof heißt: „Wort und Opfer" (lateinisch: „Verbum et Victima"). Jesus ist der Zuspruch Gottes an die Welt; er verschenkt sein Leben für die Sünder. Und so wie Jesus wollte auch Bischof Friedrich Kaiser das Evangelium verkünden und sich mit voller Leidenschaft den ihm anvertrauten Menschen zuwenden.

Wappen + Wahlspruch

Jesus hat die Menschen gelehrt und mit seiner Liebe das Böse besiegt. Wenn man aus Liebe etwas Böses wieder gutmacht, sprechen wir von Sühne. Deshalb nennt Friedrich Kaiser seine neue Schwesterngemeinschaft: „Missionarinnen vom lehrenden und sühnenden Heiland“.

Schon bald schließen sich viele junge Frauen der neuen Gemeinschaft an. Sie scheuen sich nicht, sich auf ein armes und anstrengendes Leben einzulassen.

Die Schwestern gehen zu den Verlassensten und Ärmsten, die keinen Priester und keinen Arzt haben. In größere Städte gehen sie nicht, sondern nur in die entlegensten und kaum zugänglichen Gegenden.

Sie lehren und taufen; sie feiern Gottesdienste, predigen und reichen die heilige Kommunion; sie feiern Eheschließungen; sie stehen Kranken und Sterbenden bei; sie leiten Begräbnisse; sie arbeiten als Krankenschwestern; sie betreuen Schwangere, helfen bei der Geburt und betreuen Mütter mit ihren Kindern; sie erteilen Koch- und Nähkurse und unterrichten Hauswirtschaft.

Zu ihrer Unterstützung bildet Friedrich Kaiser „Katechisten“ aus. Ein Katechist erteilt Religionsunterricht und feiert einfache Gottesdienste mit den Gläubigen.

Im Laufe der Zeit wächst die Schwesterngemeinschaft. Die Indios mögen die Schwestern: sie begrüßen sie jedes Mal stürmisch und sind ganz traurig, wenn die Schwestern nach einiger Zeit wieder weiterziehen. Nach und nach blüht das religiöse Leben wieder auf. Ein besonderes Erlebnis ist es, wenn hin und wieder ein Priester in die Dörfer kommt. Die Priester sind überrascht, wie gut die Menschen von den Schwestern vorbereitet worden sind und wie aufmerksam sie die Gottesdienste mitfeiern.

Doch nicht alle Priester sind begeistert: „Wieso gehen sie nur in die einsamen Gegenden? Wir könnten ihre Hilfe auch ganz gut gebrauchen." Doch Friedrich Kaiser erklärte: „Das ist die Berufung der Schwestern. Sie sollen auf ihre eigene Weise den Glauben verkünden." Einige schimpfen: „Friedrich Kaiser kümmert sich nur noch um seine Schwestern." Vielleicht sind sie neidisch.

Sakramentale Eheschließung

Niederlassungen. Das Gründungskloster in Caraveli trägt den Namen „Convento Cenáculo" nach dem lateinischen Wort für Abendmahlsaal. – Die Zentrale in Lima heißt „Convento Santa Teresa" nach Theresia von Lisieux, der Patronin der Mission. – Alle anderen Ordenshäuser nennen sich „Convento Patmos", nach der Insel, wo der Evangelist Johannes das Buch der Offenbarung niederschrieb.

„Ich möchte nicht, dass wir im Unfrieden miteinander leben", sagt Friedrich Kaiser. „Wir dürfen als Missionare einander nicht misstrauen". Der Streit belastet ihn sehr. 1971 gibt er die Leitung der Prälatur von Caraveli auf.

Die Schwestern ziehen sich aus der Region zurück und gehen in andere Gegenden von Peru und ins Ausland. Nur in Caraveli bleibt ein Kloster. Hier kümmert sich Friedrich Kaiser weiter um die Ausbildung der Schwestern. Seit sich die Schwestern in andere Gegenden ausbreiten, haben sie immer mehr Zuwachs. Die Gemeinschaft verbreitet sich in vielen Ländern Südamerikas.

Friedrich Kaiser spürt, dass er alt geworden ist. Und doch wundert er sich: Als junger Mensch bin ich so oft krank gewesen und wäre beinahe kein Missionar geworden.

Und doch habe ich so viele Jahre in einem so ungesunden Klima und mit so vielen Strapazen gelebt!

Friedrich Kaiser hält durch Briefe und Rundbriefe Kontakt zu den Menschen in Deutschland, die seine Arbeit in Peru unterstützen.

Misioneras heute. Die 1961 gegründeten „Misioneras de Jesús Verbo y Victima" (MJVV) sind seit 1982 eine „Gemeinschaft päpstlichen Rechts", d.h. sie unterstehen direkt dem Heiligen Stuhl und nicht den Ortsbischöfen. Rd. 425 Schwestern haben heute 20 Niederlassungen in Peru, fünf in Bolivien, neun in Argentinien, drei in Uruguay, zwei in Paraguay sowie je eine Niederlassung in Chile und in Kuba.

Für sie schreibt er, als er 85 Jahre alt ist, ein Buch. Er nennt es: „Der Ruf aus den Anden." Hier erzählt er spannend von seinen Erlebnissen und Abenteuern als Peru-Missionar.

Im selben Jahr erleidet Friedrich Kaiser einen Schlaganfall. Von heute auf morgen kann er nicht mehr Spanisch sprechen!

Mühsam lernt er wieder so viel, um wenigstens Gottesdienste feiern zu können.

Seine plattdeutsche Muttersprache hat er aber nicht verlernt.

Seine Gesundheit wird immer schwächer. Aber noch wenige Tage vor seinem Tod feiert er Gottesdienste und lebt unter seinen Schwestern. Dann muss er nach Lima in ein Krankenhaus. Hier stirbt er mit über 90 Jahren am 26. September 1993. Begraben wird er in seinem geliebten Caraveli in den Anden. Die Menschen sind traurig: „Du hattest die Gabe, ganz tief in unseren Herzen anzukommen, weil wir bei dir Verständnis fanden", sagt jemand an seinem Grab.

Zehn Jahre später werden die Gebeine von Friedrich Kaiser in einer Grabkapelle beim Kloster der „Missionarinnen vom lehrenden und sühnenden Heiland" beigesetzt. Hier ist heute auch das Grab von Schwester Willibrordis.

Im hohen Alter

Seligsprechung. Durch eine Seligsprechung wird das Leben eines verstorbenen Christen als Vorbild gewürdigt. Die Gläubigen wenden sich im Gebet an ihn und bitten ihn um Fürsprache bei Gott. Im Gottesdienst wird sein Gedenktag (in der Regel der Todestag) feierlich begangen. Eine Seligsprechung gilt nur für ein Bistum oder eine Ordensgemeinschaft. Die Heiligsprechung regelt die weltweite Verehrung.

Seit 2010 laufen Vorbereitungen für eine künftige Seligsprechung. Am 28. September 2018 ist es so weit: In einer Feierstunde in Lima wird im Auftrag des Papstes das vatikanische Seligsprechungsverfahren eröffnet. Es wird geprüft, ob das Leben von Friedrich Kaiser vorbildlich ist, ob die Menschen noch an ihn denken und ob auf seine Fürbitte Gebetserhörungen stattfinden.

Schon heute wird er von vielen Menschen verehrt.

Gedanken für Erwachsene

- Wir leben in einer Zeit, in der nicht wenige Gläubige wie gelähmt auf die Situation der Kirche hierzulande starren.
- ▸ Friedrich Kaiser macht uns die Weltweite der Kirche bewusst und will auch unsere persönliche Perspektive an der Weite ausrichten.

- Wir leiden unter dem Rückgang der geistlichen Berufungen und der aktiven Gläubigen.
- ▸ Friedrich Kaiser hat eine Gemeinschaft von Frauen gegründet, die in ihrem Dienst Freude und Geduld ausstrahlen und immer weitere Kreise ziehen.

- Wir sorgen uns um die finanziellen und personellen Möglichkeiten unserer kirchlichen Einrichtungen.
- ▸ Friedrich Kaiser schildert uns eine Kirchengestalt in großer Anspruchslosigkeit und mit einem hohen Improvisationsvermögen.

- Wir streiten um Gemeindestrukturen und Pfarrgrenzen und ringen um Kooperationen und Fusionen.
- ▸ Friedrich Kaiser fasziniert Missionsschwestern, die tagelang zu Pferd unterwegs sind, um entlegene Ortschaften zu erreichen, in denen schon lange kein Priester mehr war.

- Wir beobachten an Statistiken und Erfolgskurven den dramatischen Einbruch der „Volkskirche“ und der „versorgten Gemeinde“.
- ▸ Friedrich Kaiser ermuntert zum persönlichen Aufbruch und zu einer ernst gemeinten Hingabe für das Reich Gottes.